Impressum
Verlag: BABADADA GmbH, Nedderfeld 112 , 22529 Hamburg
Geschäftsführer / Verlagsleitung: Harald Hof
Druck: Books on Demand GmbH, In de Tarpen 42, 22848 Norderstedt

Imprint
Publisher: BABADADA GmbH, Nedderfeld 112 , 22529 Hamburg, Germany
Managing Director / Publishing direction: Harald Hof
Print: Books on Demand GmbH, In de Tarpen 42, 22848 Norderstedt

школа

escola

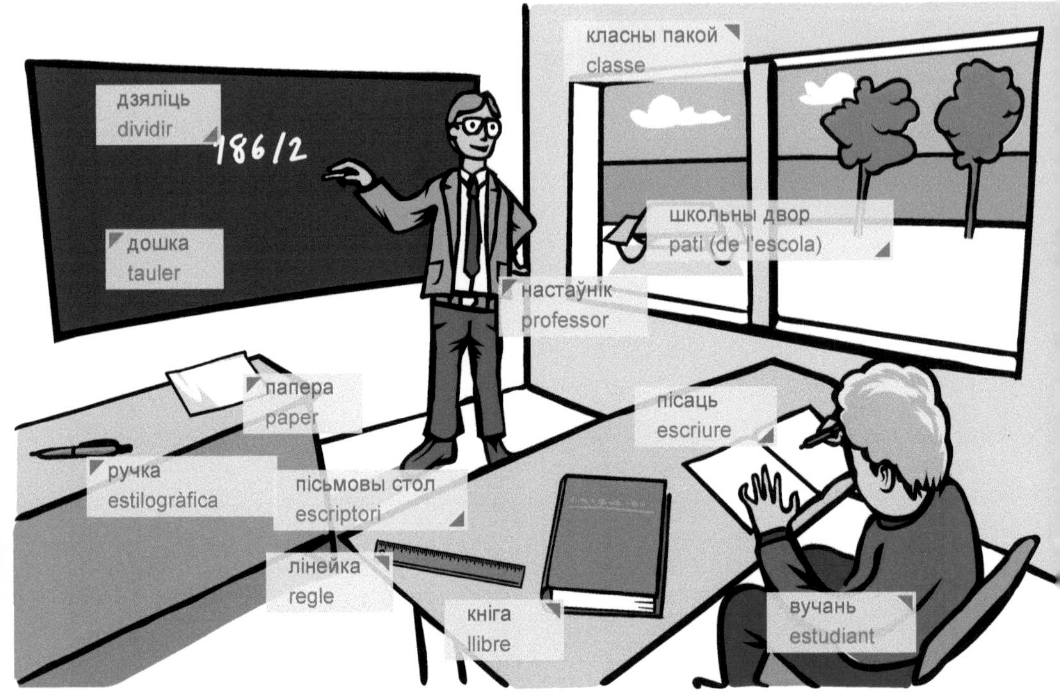

класны пакой
classe
дзяліць
dividir
186/2
дошка
tauler
школьны двор
pati (de l'escola)
настаўнік
professor
папера
paper
пісаць
escriure
ручка
estilogràfica
пісьмовы стол
escriptori
лінейка
regle
кніга
llibre
вучань
estudiant

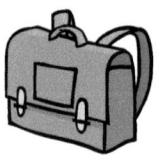

ранец

bossa

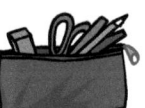

пенал

estoig

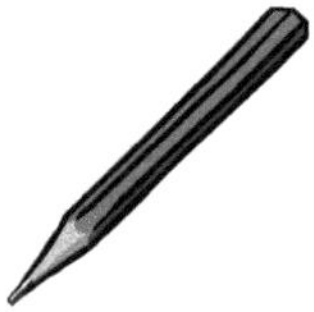

просты аловак

llapis

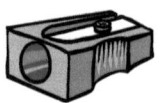

тачылка для алоўкаў

maquineta de fer punta

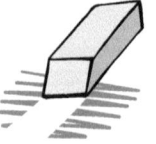

гумка

goma

альбом для малявання

bloc de dibuix

малюнак

dibuix

пэндзлік

pinzell

фарбы

capsa de pintures

нажніцы

tisores

клей

cola

сшытак

quadern d'exercicis

хатняе заданне

deures

лік

nombre

2+2

дадаваць

afegir

5-2

адымаць

sostreure

множыць

multiplicar

лічыць

calcular

A

літара

lletra

ABCDEFG
HIJKLMN
OPQRSTU
VWXYZ

алфавіт

alfabet

слова

mot

тэкст

text

чытаць

llegir

крэйда

guix

ўрок

lliçó

класны журнал

llibre de classe

экзамен

examen

атэстат

certificat

школьная форма

uniforme escolar

адукацыя

formació

энцыклапедыя

enciclopèdia

універсітэт

universitat

мікраскоп

microscopi

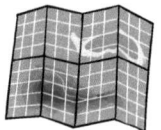

карта

mapa

смеццевы кошык

paperera

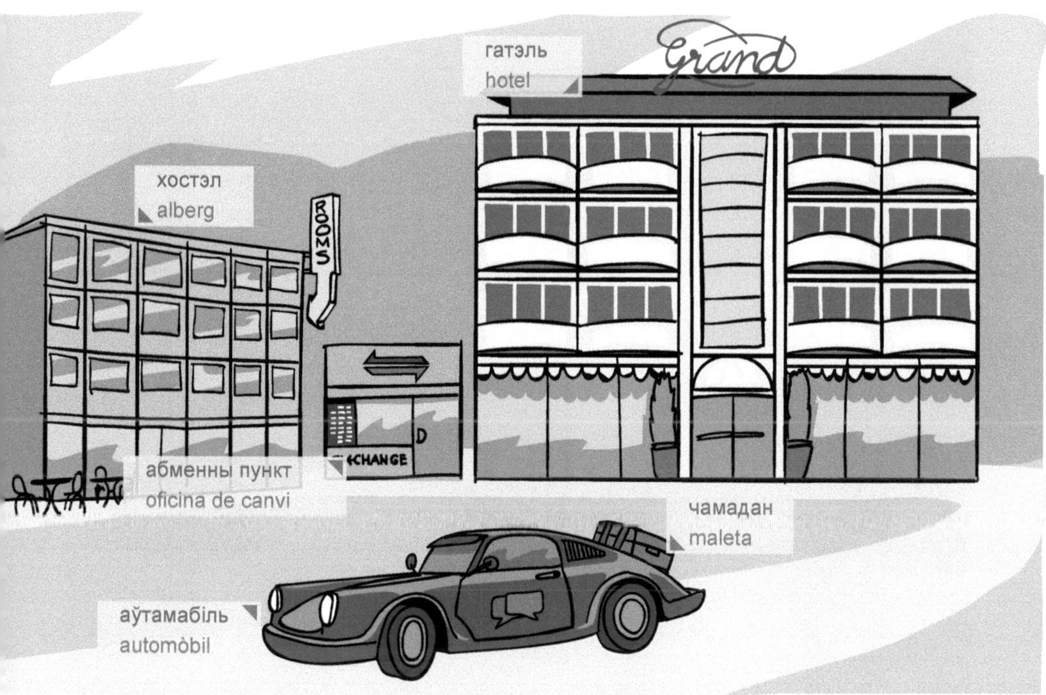

гатэль
hotel

хостэл
alberg

абменны пункт
oficina de canvi

чамадан
maleta

аўтамабіль
automòbil

мова

llengua

так / не

sí / no

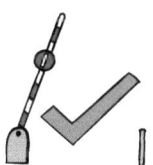

добра

D'acord

прывітанне!

Ey!

перекладчык

traductora

дзякуй

gràcies

Колькі каштуе....?

Quant costa... ?

я не разумею

No entenc

праблема

problema

Добры вечар!

Bona nit!

Добрай раніцы!

bon dia!

Дабранач!

bona nit!

да пабачэння

fins aviat

кірунак

direcció

багаж

bagatge

сумка

bossa

заплечнік

sarrona

госць

convidat

пакой

cambra

спальны мяшок

sac de dormir

палатка

tenda

інфармацыя для турыстаў

oficina de turisme

пляж

platja

крэдытная картка

carta de crèdit

снеданне

esmorzar

абед

dinar

вячэра

sopar

праязны білет

bitllet

ліфт

ascensor

паштовая марка

segell

мяжа

frontera

мытня

duana

пасольства

ambaixada

віза

visat

пашпарт

passaport

транспарт

transport

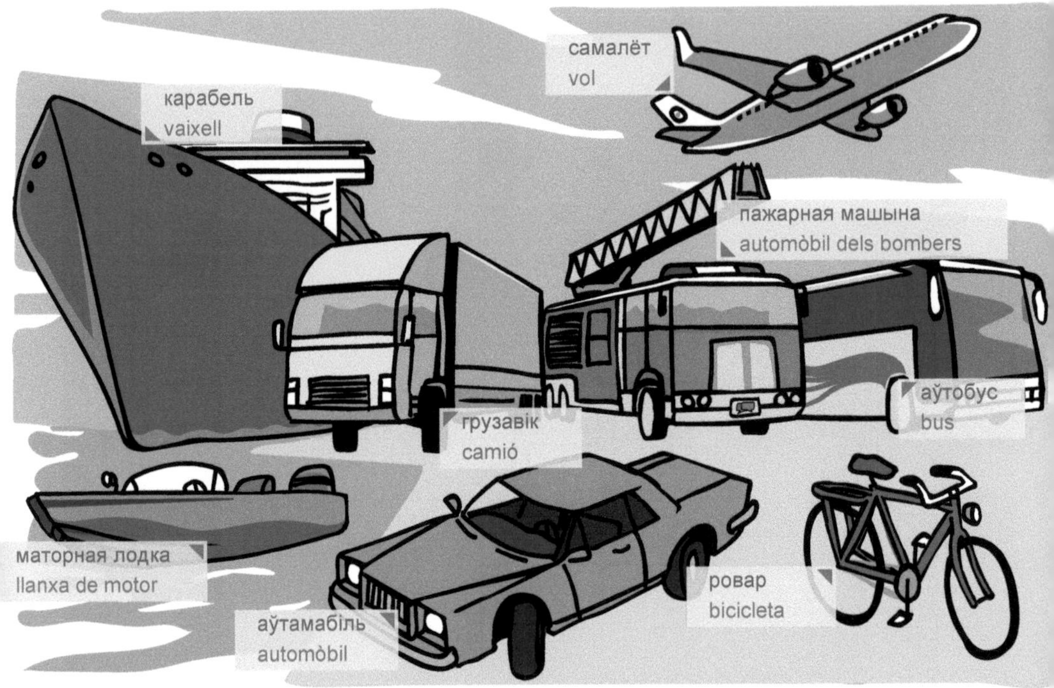

самалёт
vol
карабель
vaixell
пажарная машына
automòbil dels bombers
аўтобус
bus
грузавік
camió
маторная лодка
llanxa de motor
ровар
bicicleta
аўтамабіль
automòbil

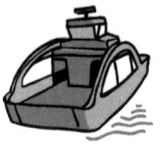

паром

transbordador

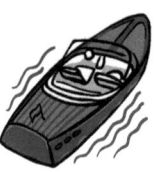

лодка

barca

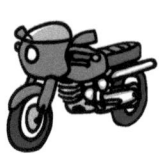

матацыкл

moto

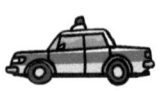

паліцэйская машына

automòbil de policia

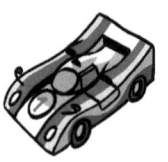

гоначны аўтамабіль

automòbil de curses

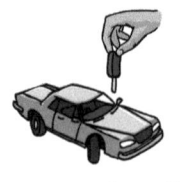

арэндаваны аўтамабіль

automòbil de lloguer

сумеснае карыстанне
аўтамабілем

vehicle compartit

эвакуатар

grua

смеццявоз

camió de les escombraries

матор

motor

паліва

benzina

запраўка

benzineria

дарожны знак

senyal de trànsit

дарожны рух

trànsit

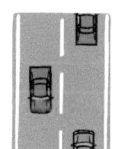

затор

embús

паркоўка

aparcament

чыгуначная станцыя

estació de trens

рэйкі

vies

цягнік

tren

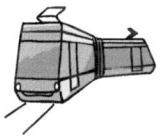

трамвай

tramvia

вагон

vagó

верталёт

helicòpter

аэрапорт

aeroport

вежа

torre

пасажыр

passatger

кантэйнер

contenidor

кардонная скрыня

capsa de cartó

тачка

carretó

карзіна

cistella

ўзлятаць / прызямляцца

enlairar-se / aterrar

горад

ciutat

вёска

poble

цэнтр горада

centre de la ciutat

дом

casa

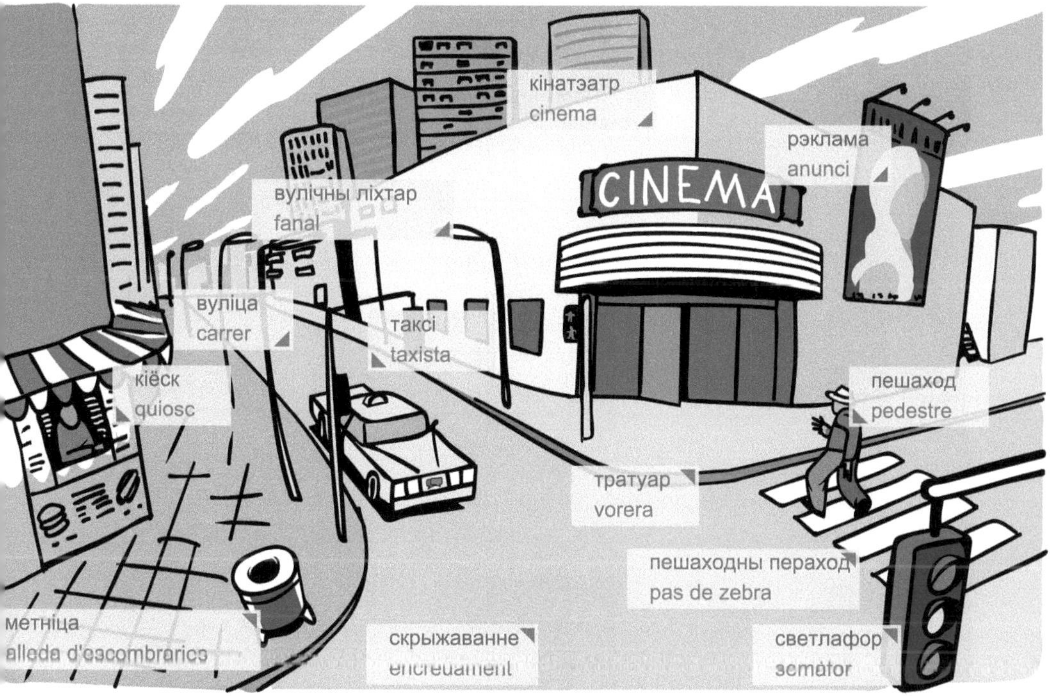

кінатэатр
cinema

рэклама
anunci

вулічны ліхтар
fanal

CINEMA

вуліца
carrer

таксі
taxista

кіёск
quiosc

пешаход
pedestre

тратуар
vorera

пешаходны пераход
pas de zebra

метніца
aleda d'escombraries

скрыжаванне
encreuament

светлафор
semàfor

халупа

cabana

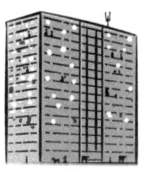

кватэра

apartament

чыгуначная станцыя

estació de trens

ратуша

casa de la vila-ciutat

музей

museu

школа

escola

горад - ciutat

універсітэт

universitat

банк

banca

шпіталь

hospital

гатэль

hotel

аптэка

farmàcia

офіс

oficina

кнігарня

llibreria

крама

botiga

кветкавая крама

floristeria

супермаркет

supermercat

кірмаш

mercat

універмаг

gran magatzem

рыбная крама

peixateria

гандлевы цэнтр

centre comercial

порт

port

парк

parc

лава

banc

мост

pont

лесвіца

escala

метро

metro

тунэль

túnel

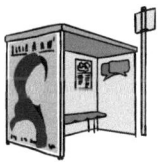

прыпынак

parada d'autobús

бар

bar

рэстаран

restaurant

паштовая скрыня

bústia de correu

вулічны паказальнік

senyal indicador

паркамат

parquímetre

заапарк

zoo

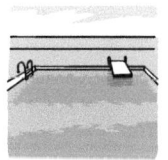

басейн

piscina

мячэць

mosquita

сядзіба

granja

забруджванне
навакольнага асяроддзя

pol·lució

могілкі

cementiri

царква

església

пляцоўка для гульні

parc infantil

храм

temple

краявід

paisatge

ліст
fulla

паказальнік
cartell indicador

дарога
camí

луг
prat

камень
pedra

дрэва
arbre

падарожнік
excursionista

рака
riu

трава
gespa

кветка
flor

даліна

vall

гара

muntanya

возера

llac

лес

bosc

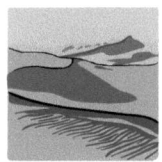

пустыня

desert

вулкан

volcà

замак

castell

вясёлка

arc de Sant Martí

грыб

bolet

пальма

palmera

камар

moscard

муха

mosca

мурашка

formiga

пчала

abella

павук

aranya

жук

escarabat

жаба

granota

вавёрка

esquirol

вожык

eriçó

заяц

llebre

сава

òliba

птушка

ocell

лебедзь

cigne

дзік

senglar

алень

cervo

лось

ant

плаціна

presa

вятрак

turbina

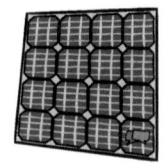

сонечная батарэя

panell solar

клімат

clima

афіцыянт
cambrer

меню
menú

крэсла
cadira

суп
sopa

піца
pizza

сталовыя прыборы
coberts

абрус
tovalla

закуска

primer plat

другая страва

plat principal

дэсерт

darreries

напоі

begudes

ежа

menjar

бутэлька

ampolla

хуткае харчаванне (фаст-фуд)

menjar ràpid

стрыт-фуд

menjar de carrer

імбрык (чайнік)

tetera

цукарніца

sucrer

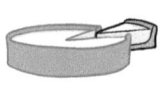

порцыя

porció

эспрэса-машына

màquina d'espresso

дзіцячае крэселка

trona

рахунак

factura

паднос

plata

нож

ganivet

відэлец

forqueta

лыжка

cullera

чайная лыжка

cullereta

сурвэтка

tovalló

шклянка

got

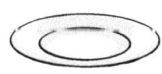

талерка

plat

супавая талерка

plat de sopa

сподак

plateret

соус

salsa

сальніца

saler

млынок для перцу

molinet de pebre

воцат

vinagre

алей

oli

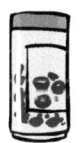

спецыі

espècies

кетчуп

quètxup

гарчыца

mostassa

маянэз

maionesa

супермаркет

supermercat

акцыя
oferta especial
FOR
пакупнік
client
малочныя прадукты
productes lactis
садавіна
fruites
вазок
carret de la compra

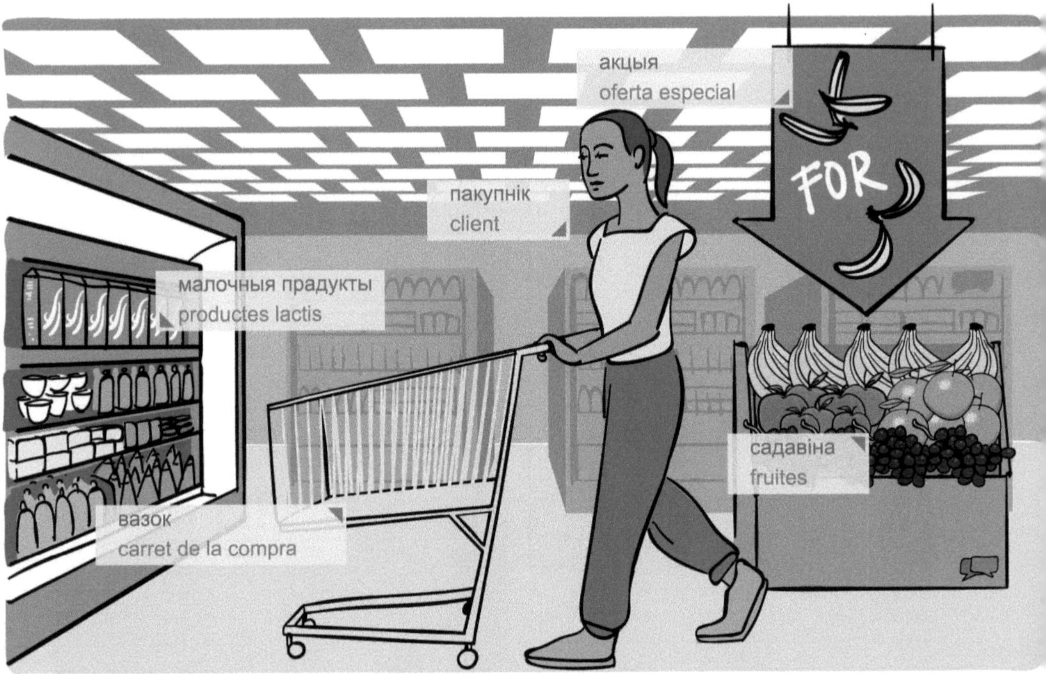

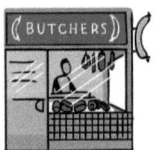

мясная крама

carnisseria

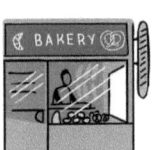

хлебны магазін

forn de pa

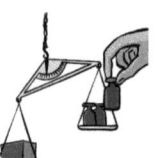

важыць

pesar

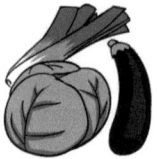

гароднiна

verdures

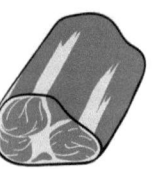

мяса

carn

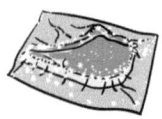

свежазамарожаныя прадукты

menjar congelat

нарэзка

carn freda

кансервы

conserves

пральны парашок

detergent en pols

прысмакі

dolços

хатнія прылады

articles domèstics

чысцячы сродак

productes de neteja

прадавец

venedora

каса

caixa registradora

касір

caixera

спіс пакупак

llista de la compra

гадзіны працы

horari d'obertura

бумажнік

portamonedes

крэдытная картка

carta de crèdit

сумка

bossa

пакет

bossa de plàstic

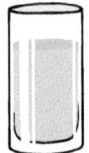

вада

aigua

сок

suc

малако

llet

кола

coca-cola

віно

vi

піва

cervesa

алкаголь

alcohol

какава

cacau

гарбата (чай)

te

кава

cafè

эспрэса

espresso

капучына

cappuccino

банан

banana

яблык

poma

апельсін

taronja

дыня

síndria

лімон

llimona

морква

pastanaga

часнок

all

бамбук

bambú

цыбуля

ceba

грыб

bolet

арэхі

avellanes

локшына

fideus

спагеці

espaguetis

рыс

arròs

салата

amanida

бульба фры

patates fregides

смажаная бульба

patates fregides

піца

pizza

гамбургер

hamburguesa

бутэрброд

entrepà

шніцаль

escalopa

вяндліна

cuixot

салямі

salami

каўбаса

salsitxa

курыца

pollastre

смажаніна

rostit

рыбак

peix

аўсяныя камякі

flocs de civada

мюслі

musli

кукурузныя шматкі

cereals

мука

farina

круасан

croissant

булачка

panet

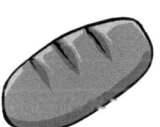

хлеб

pa

тост

torrada

пячэнне

bescuits

масла

mantega

тварог

mató

пірог

pastís

яйка

ou

яечня

ou fregit

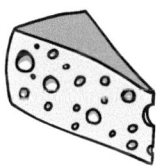

сыр

formatge

марожанае

gelat

цукар

sucre

мёд

mel

варэнне

melmelada

нуга

crema de xocolata

кары

curri

сядзіба

granja

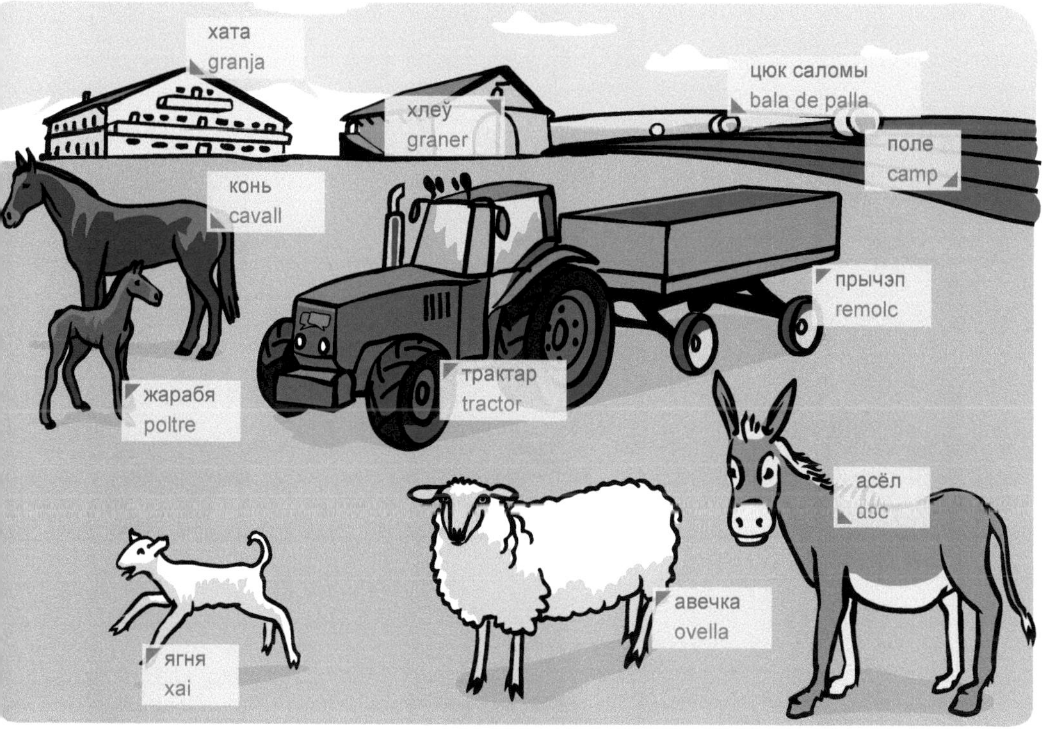
хата
granja
хлеў
graner
цюк саломы
bala de palla
поле
camp
конь
cavall
прычэп
remolc
жарабя
poltre
трактар
tractor
асёл
ase
авечка
ovella
ягня
xai

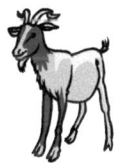

каза

cabra

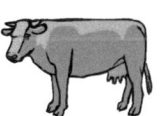

карова

vaca

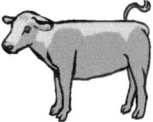

цяля

vedella

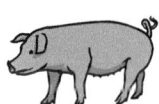

свіння

porc

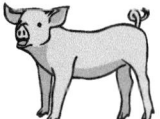

парася

garrí

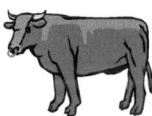

бык

bou

гусак
oca

качка
ànec

кураня
poll

курыца
gall

певень
gallina

пацук
rata

кот
gat

мыш
ratolí

вол
bou

сабака
gos

сабачая будка
gossera

садовы шланг
mànega de regar

палівачка
regadora

каса
dalla

плуг
arada

серп

falç

матыка

aixada

вілы для гною

forca

сякера

destral

тачка

carretó

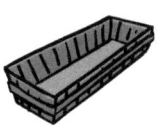

карыта

abeurador

бітон для малака

lletera

мех

sac

плот

tanca

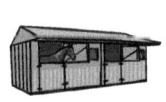

хлеў

establa

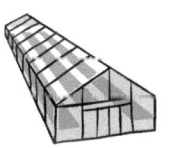

цяпліца

hivernacle

глеба

sòl

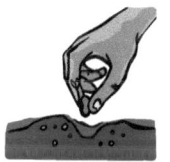

насенне

llavor

угнаенне

adob

камбайн

collidora

збіраць ураджай

collir

ураджай

collita

ямс

nyam

пшаніца

blat

соя

soja

бульба

patata

кукуруза

blat de moro o d'indi

рапс

colza

садовае дрэва

arbre fruiter

маніёк

mandioca

збожжа

cereals

дом
casa

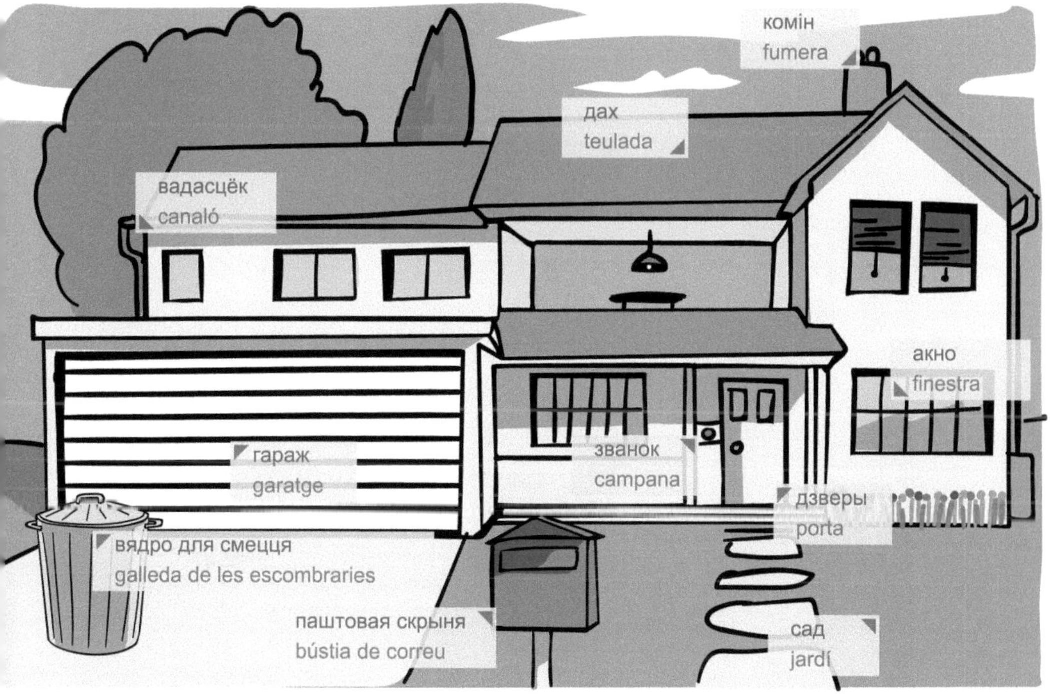

комін
fumera
дах
teulada
вадасцёк
canaló
акно
finestra
гараж
garatge
званок
campana
дзверы
porta
вядро для смецця
galleda de les escombraries
паштовая скрыня
bústia de correu
сад
jardí

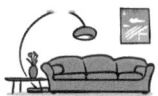

жылы пакой

sala d'estar

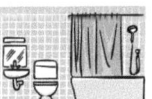

ванная

bany

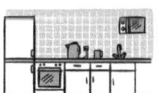

кухня

cuina

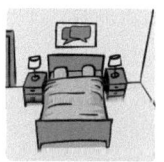

спальны пакой

cambra de dormir

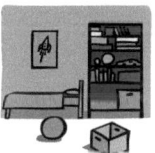

дзіцячы пакой

cambra de nen

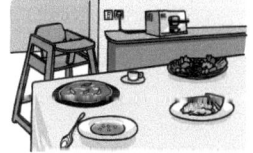

сталоўка

menjador

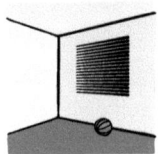

падлога

sòl

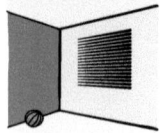

сцяна

paret

столь

sostre

падвал

soterrani

саўна

sauna

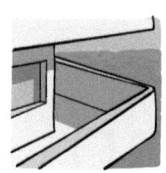

балкон

balcó

тэраса

terrassa

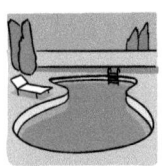

басейн

piscina

касілка

tallagespa

падкоўдранік

vànova

коўдра

cobrellit

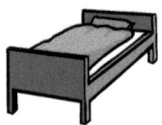

ложак

llit

венік

escombra

вядро

galleda

выключальнік

interruptor

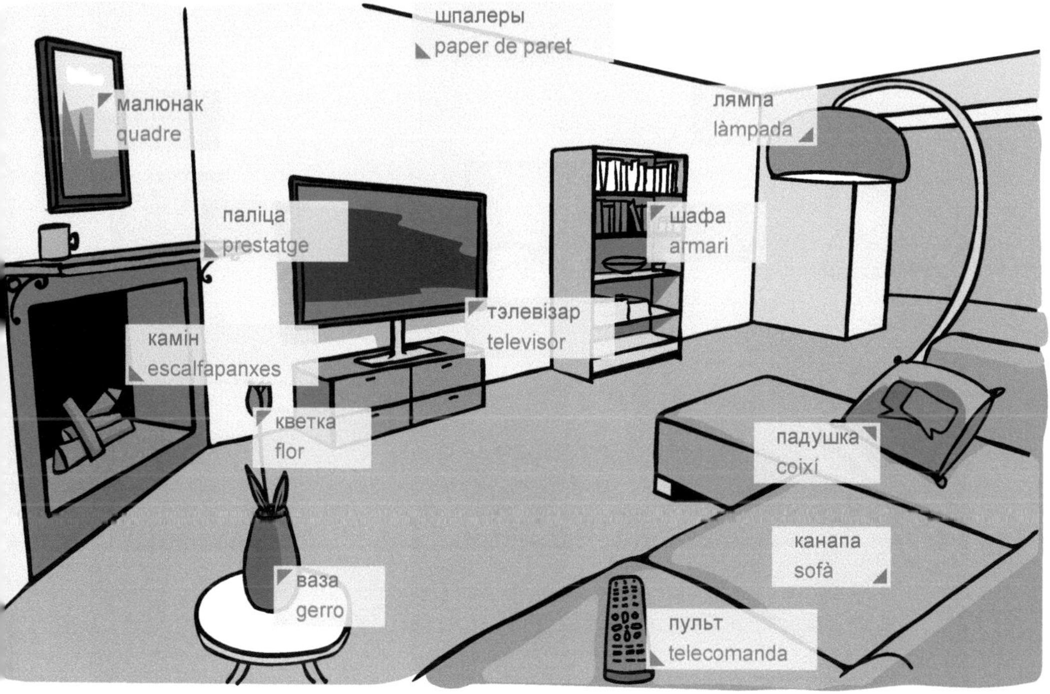

шпалеры
paper de paret

малюнак
quadre

лямпа
làmpada

паліца
prestatge

шафа
armari

камін
escalfapanxes

тэлевізар
televisor

кветка
flor

падушка
coixí

канапа
sofà

ваза
gerro

пульт
telecomanda

дыван

catifa

фіранка

cortina

стол

taula

крэсла

cadira

крэсла-качалка

cadira gronxadora

крэсла

cadiral

кніга
llibre

коўдра
llençol

дэкарацыя
decoració

дровы
llenya

кіно
film

стэрэасістэма
cadena de música

ключ
clau

газета
diari

карціна
pintura

постар
cartell

радыё
ràdio

нататнік
bloc de notes

пыласос
aspiradora

кактус
cactus

свечка
candela

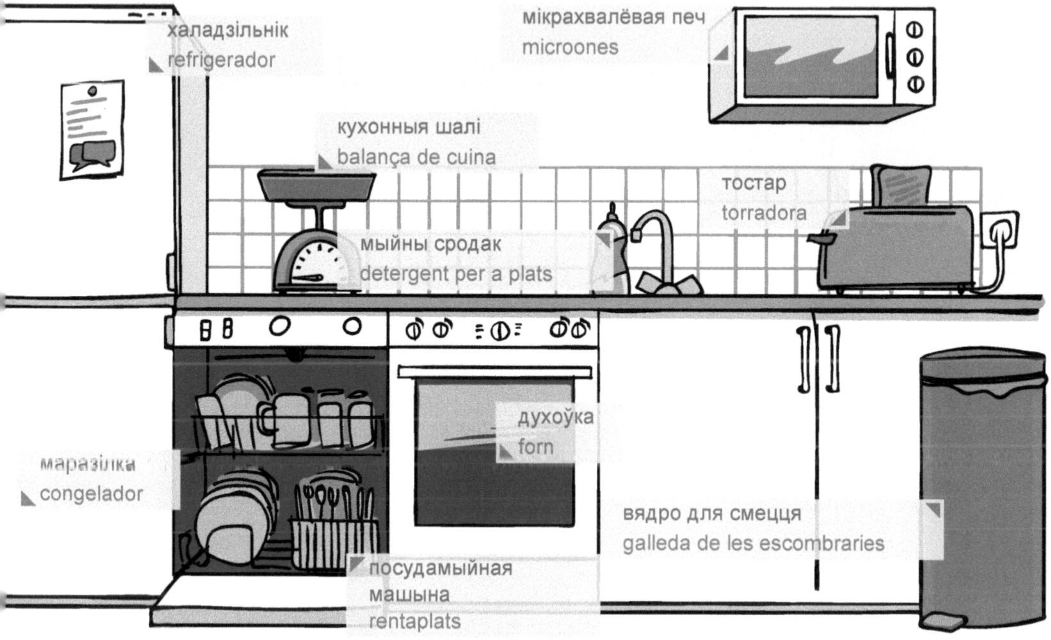

халадзільнік
refrigerador

мікрахвалёвая печ
microones

кухонныя шалі
balança de cuina

тостар
torradora

мыйны сродак
detergent per a plats

духоўка
forn

маразілка
congelador

вядро для смецця
galleda de les escombraries

посудамыйная
машына
rentaplats

пліта
cuina de fogons

рондаль
olla

чыгунок
olla de ferro colat

Вок / кадал
wok / karahi

патэльня
paella

чайнік
bullidor

параварка

olla de vapor

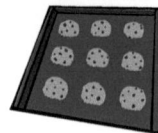

бляха

plata de forn

посуд

vaixella

кубак

tassa grossa

міска

bol

палачкі для ежы

bastonets xinesos

чарпак

culler

лапатачка

espàtula

збівалка

batedor

сіта для варэння

colador

сіта

sedàs

тарка

ratllador

ступка

morter

грыль

barbacoa

вогнішча

foc a terra

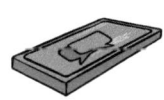

дошка

taula de tallar

качалка

corró

штопар

llevataps

бляшанка

pot de conserva

адкрывалка

obridor

прыхваткі

agafador

ракавіна

aigüera

шчотка

raspall

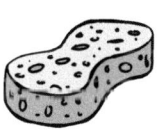

губка

esponja

міксер

batedora

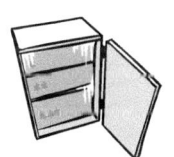

маразільная камера

congelador

бутэлечка

biberó

вадаправодны кран

aixeta

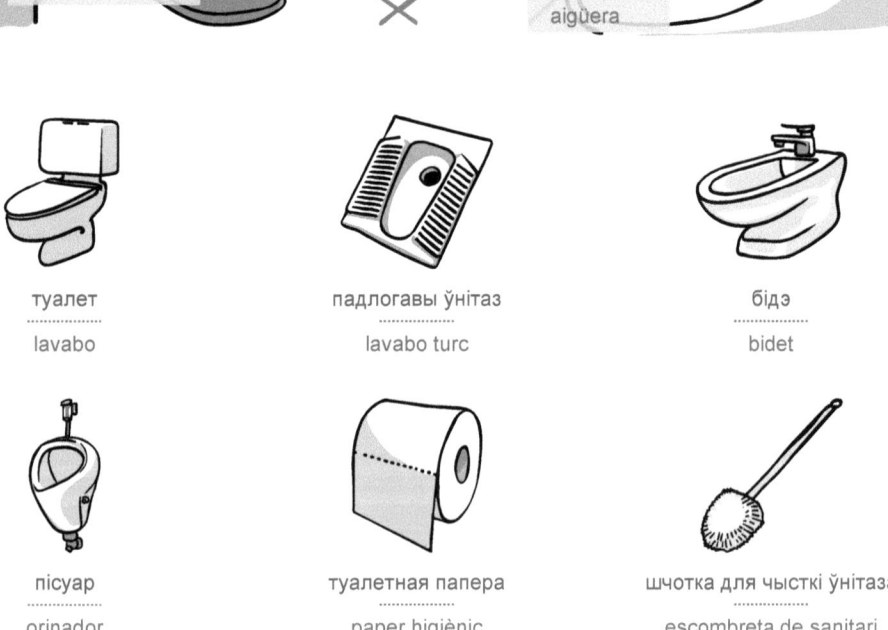

ванная

bany

ручніковы сушыцель
calefacció
ручнік
tovallola
душ
dutxa
штора для душа
cortina de dutxa
пенная ванна
bany de bombolles
ванна
banyera
шклянка
got
мыйная машына
rentadora
вадаправодны кран
aixeta
плітка
rajoles
начны гаршчок
orinal
ракавіна
aigüera

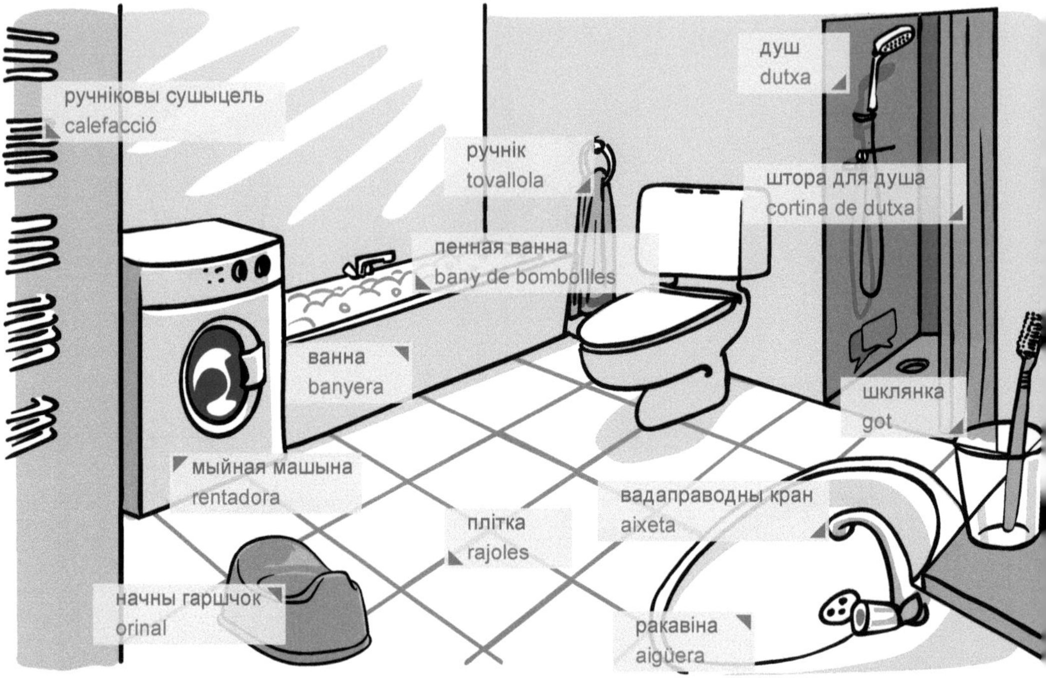

туалет

lavabo

падлогавы ўнітаз

lavabo turc

бідэ

bidet

пісуар

orinador

туалетная папера

paper higiènic

шчотка для чысткі ўнітаза

escombreta de sanitari

зубная шчотка

raspall de dents

зубная паста

pasta de dents

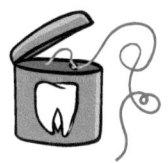

зубная нітка

fil dental

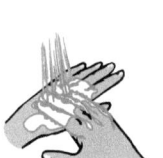

мыць

rentar

ручны душ

pom de dutxa

інтымны душ

dutxa íntima

умывальнік

rentamans

шчотка для спіны

raspall per a l'esquena

мыла

sabó

гель для душа

gel de dutxa

шампунь

xampú

вяхотка

manyopla de bany

вадасцёк

bonera

крэм

crema

дэзадарант

desodorant

люстэрка

mirall

касметычнае люстэрка

mirall-espill de mà

станок для галення

maquineta de rasar

пена для галення

espuma de barbejar

ласьён пасля галення

loció post-rasada

грэбень

pinta

шчотка

raspall

фен

eixugador

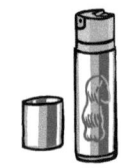

лак для валасоў

laca

касметыка

maquillatge

памада

pintallavis

лак для пазногцяў

esmalt d'ungles

вата

cotó

манікюрныя нажніцы

tallaungles

духі

perfum

касметычка

estoig de bellesa

табурэтка

tamboret

вагі

bàscula

лазневы халат

barnús

санітарныя пальчаткі

guants de goma

тампон

compresa higiènica

гігіенічныя пракладкі

compresa

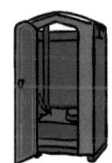

біятуалет

sanitari químic

дзіцячы пакой

cambra de nen

будзільнік
despertador
мяккая цацка
animal de peluix
цацачная машынка
auto de joguina
бразготка
sonall
лялечны домік
casa de nines
падарунак
present

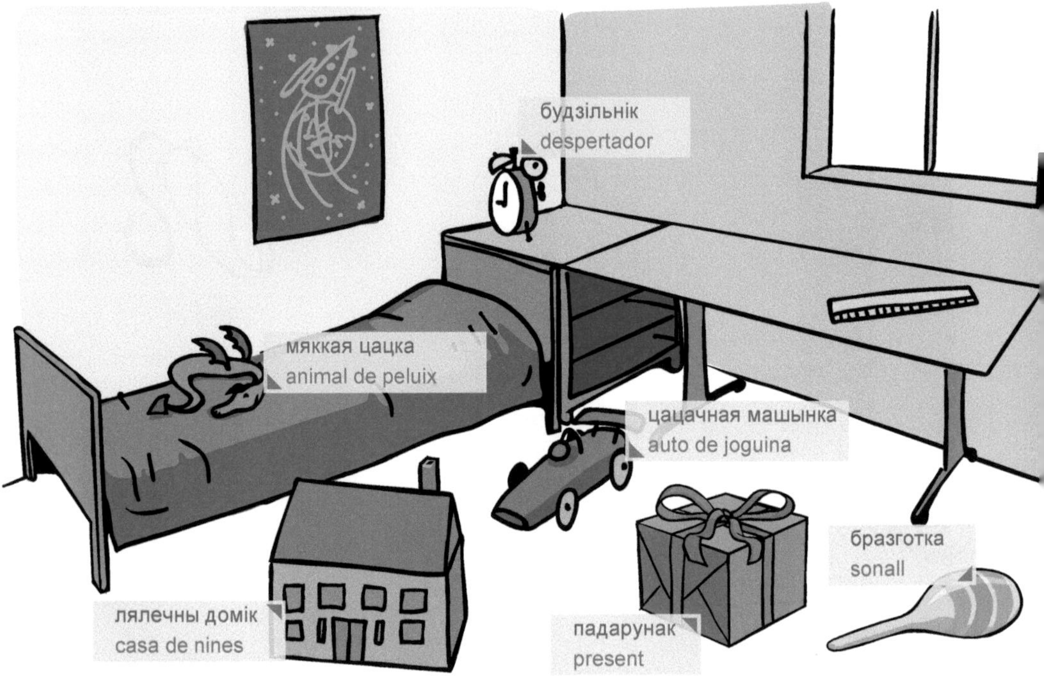

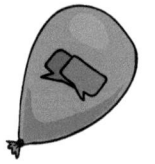

надзіманы шарык

baló

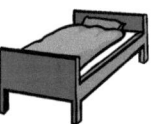

ложак

llit

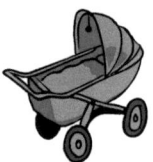

дзіцячая каляска

cotxet per a nens

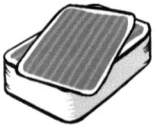

калода картаў

joc de cartes

пазл

trencaclosca

SUPER
MEGA

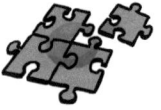

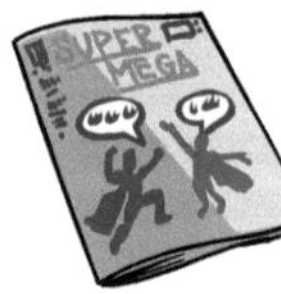

комікс

historieta

канструктар "Лега"

peces de lego

канструктар

peces de construcció

экшэн-фігурка

ninot d'acció

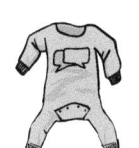

дзіцячы гарнітур

granota

фрызбі

frisbee

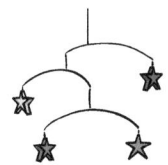

дзіцячы мабіль

mòbil per a bressol

настольная гульня

joc de taula

кубік

daus

дзіцячая чыгунка

tren elèctric

пустышка

xumet

дзіцячае свята

festa

кніга з малюнкамі

llibre de dibuixos

мячык

pilota

лялька

nina

гуляцца

jugar

пясочніца

sorrera

арэлі

gronxador

цацкі

joguines

гульнявая відэа прыстаўка

consola de jocs de vídeo

трохколавы ровар

tricicle

плюшавы мішка

osset de peluix

шафа

armari

адзенне

roba

шкарпэткі

mitjons

панчохі

mitges

калготкі

mitja pantaló

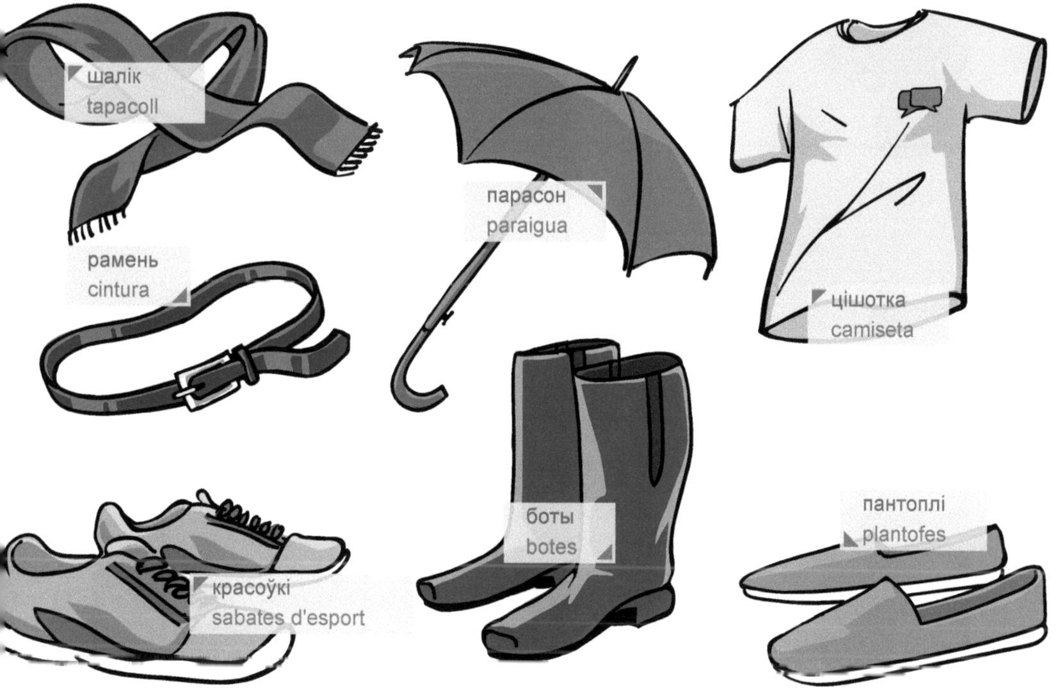

шалік
tapacoll

парасон
paraigua

цішотка
camiseta

рамень
cintura

боты
botes

пантоплі
plantofes

красоўкі
sabates d'esport

сандалі
sandàlies

абутак
sabates

гумовыя боты
botes de goma

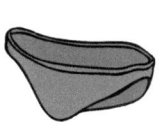

трусы
calçonets

бюстгальтар
sostenidor

майка
guardapits

бодзі

jjustacòs

штаны

pantalons

джынсы

jeans

спадніца

faldeta

блузка

brusa

кашуля

camisa

джэмпер

jersei

талстоўка

dessuadora

блэйзер

blazer

куртка

jaqueta

паліто

mantell

дажджавік

impermeable

касцюм

vestit de dona

сукенка

vestit de dona

вясельная сукенка

vestit de núvia

касцюм

vestit d'home

начная сарочка

camisa de dormir

піжама

pijama

сары

sari

хустка

mocador de cap

цюрбан

turbant

паранджа

burca

каптан

caftan

Абая

abaia

купальнік

vestit de bany

плаўкі

calçon(et)s de bany

шорты

pantalons curts

спартыўны касцюм

xandall

фартух

davantal

пальчаткі

guants

гузік

botó

акуляры

ulleres

бранзалет

braçalet

каралі

collaret

кальцо

anell

завушніца

orellera

кепка

casquet

вешалка

penjador

капялюш

capell

гальштук

corbata

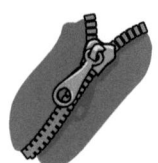

маланка

cremallera

шлем

casc

падцяжкі

elàstics

школьная форма

uniforme escolar

уніформа

uniforme

нагруднік

pitet

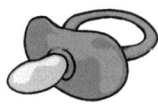

пустышка

xumet

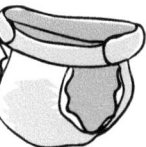

падгузнік

bolquer

офіс
oficina

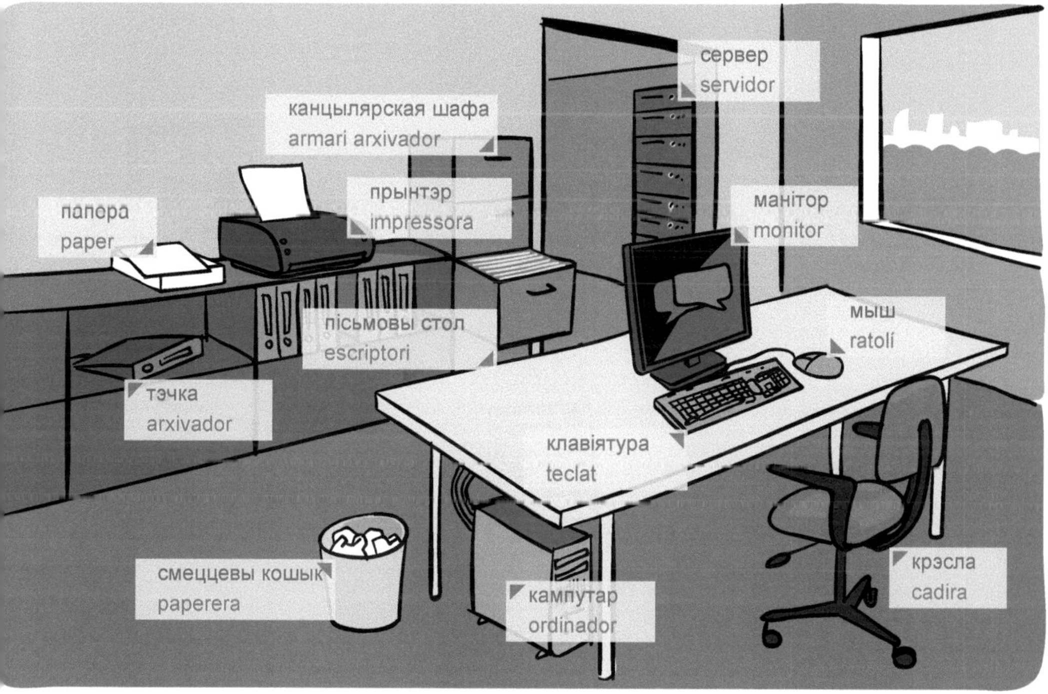

канцылярская шафа
armari arxivador

сервер
servidor

прынтэр
impressora

манітор
monitor

папера
paper

мыш
ratolí

пісьмовы стол
escriptori

тэчка
arxivador

клавіятура
teclat

смеццевы кошык
paperera

крэсла
cadira

кампутар
ordinador

кубак для кавы (філіжанка)

tassa de cafè

калькулятар

calculadora

інтэрнэт

Internet

ноўтбук

ordinador portàtil

ліст

lletra

паведамленне

missatge

мабільны тэлефон

mòbil

сетка

xarxa

ксеракс

fotocopiadora

праграмнае забеспячэнне

programari

тэлефон

telèfon

разетка

presa de corrent

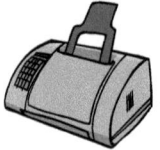

факс

fax

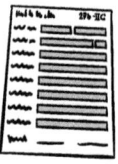

фармуляр

formulari

дакумент

document

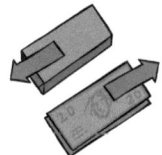

купляць

comprar

плаціць

pagar

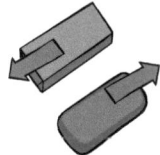

гандляваць

comerciar

грошы

dinero

долар

dòlar

еўра

euro

ена

ion

рубель

ruble

франк

franc suís

кітайскі юань

renminbi

рупія

rupia

банкамат

caixa automàtica

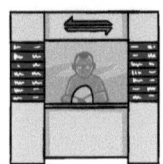

абменны пункт

oficina de canvi

золата

or

срэбра

argent

нафта

petroli

энергія

energia

цана

preu

кантракт

contracte

падатак

impost

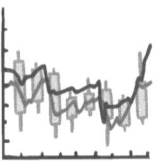

акцыя

acció

працаваць

treballar

служачы

treballador

працадаўца

empresari

фабрыка

fàbrica

крама

botiga

прафесіі
oficis

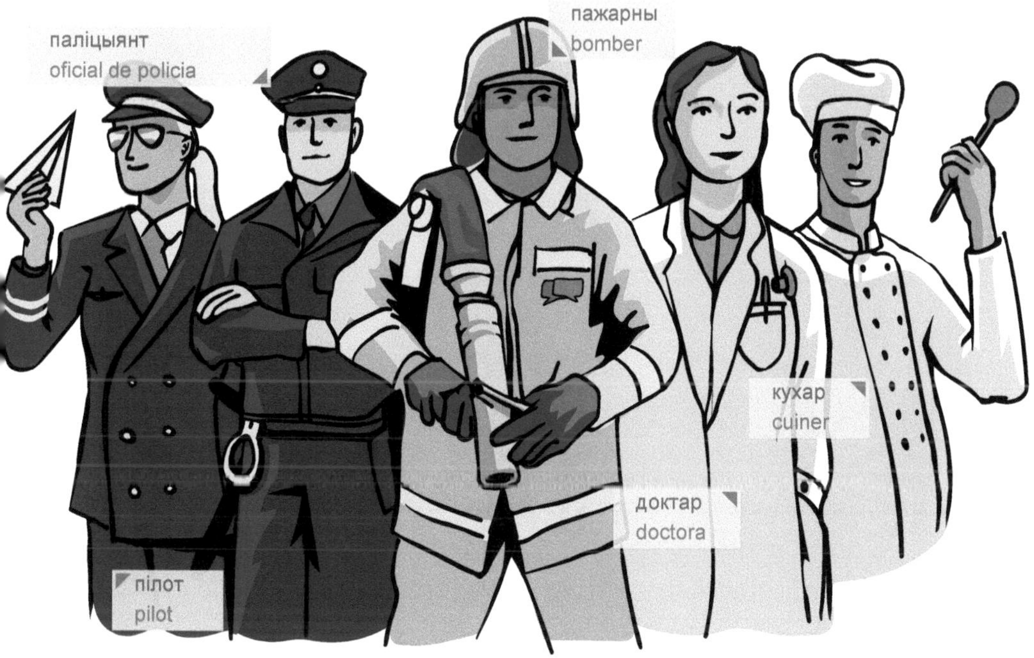
паліцыянт
oficial de policia
пажарны
bomber
кухар
cuiner
доктар
doctora
пілот
pilot

садоўнік

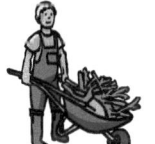

jardiner

слесар

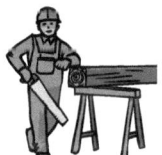

fuster

швачка

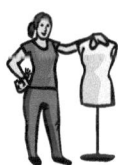

costurera

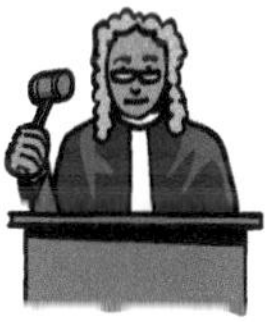

суддзя

jutge

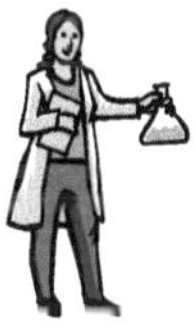

хімік

química

артыст

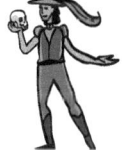

actor

кіроўца аўтобуса

conductor d'autobús

таксіст

taxista

рыбак

pescador

прыбіральшчыца

dona de la neteja

страхар

ensostrador

афіцыянт

cambrer

паляўнічы

caçador

мастак

pintor

пекар

forner

электрык

electricista

будаўнік

obrer de la construcció

інжынер

enginyer

мяснік

carnisser

сантэхнік

llanterner

паштальён

correu

салдат

soldat

архітэктар

arquitecte

касір

caixera

фларыст

florista

цырульнік

perruquer

кандуктар

revisor

механік

mecànic

капітан

capità

стаматолаг

dentista

вучоны

científic

рабін

rabí

імам

imam

манах

monjo

святар

capellà

інструменты

eines

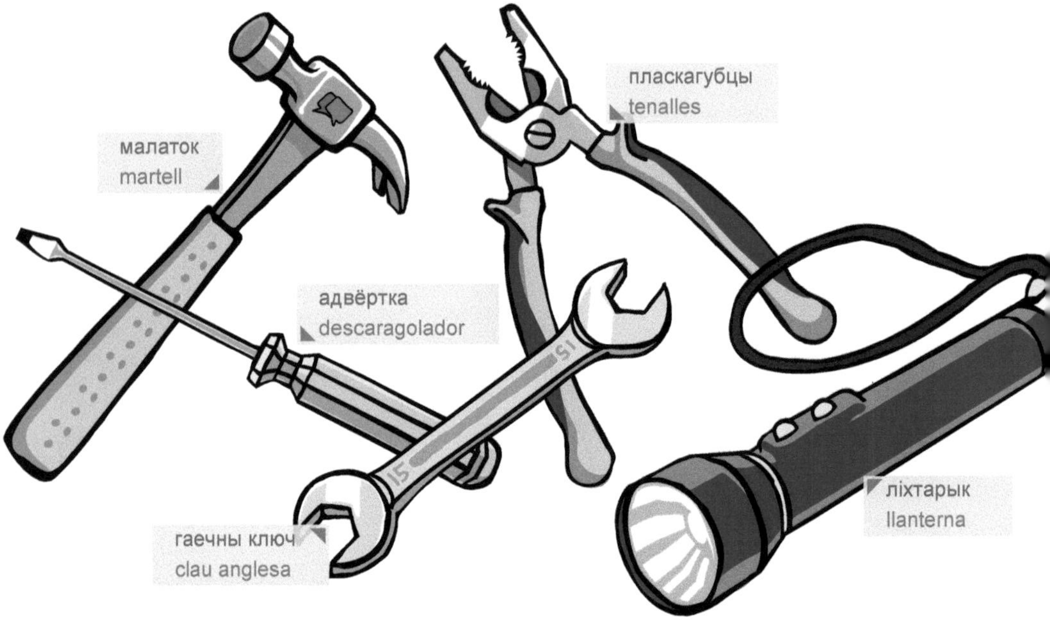
малаток
martell
пласкагубцы
tenalles
адвёртка
descaragolador
гаечны ключ
clau anglesa
ліхтарык
llanterna

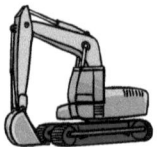

экскаватар

excavadora

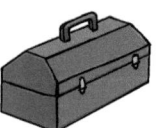

скрыня для інструментаў

caixa d'eines

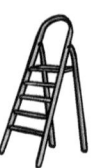

дравіны

escala

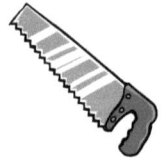

піла

serra

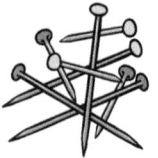

цвікі

claus

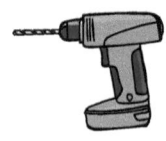

дрыль

trepant

рамантаваць

reparar

рыдлеўка

pala

Халера!

Maleït siga!

шуфлік для смецця

pala

вядро з фарбаю

pot de pintura

балты

caragols

музычныя інструменты
instrument de música

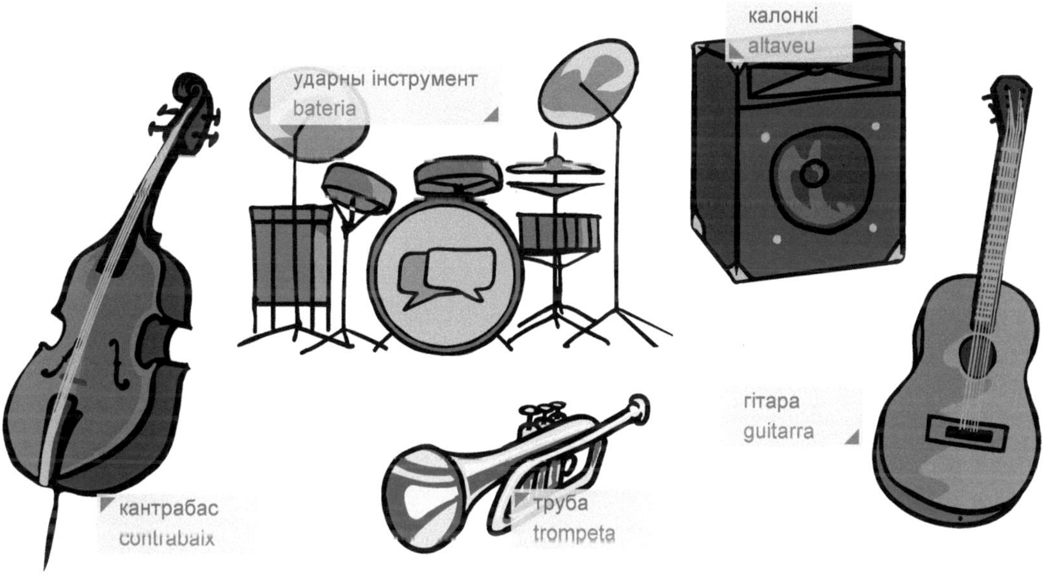

калонкі
altaveu

ударны інструмент
bateria

гітара
guitarra

кантрабас
contrabaix

труба
trompeta

піяніна

piano

скрыпка

violí

басгітара

baix

літаўры

timbal

барабан

tambor

клавішны электрамузычны
інструмент

teclat

саксафон

saxofon

флейта

flauta

мікрафон

micròfon

увaход
entrada

тыгр
tigre

клетка
gàbia

зебра
zebra

корм для жывёл
aliment per a animals

панда
ós panda

жывёлы

animals

слон

elefant

кенгуру

cangurú

насарог

rinoceront

гарыла

goril·la

мядзведзь

ós

вярблюд

camell

стравус

estruç

леў

lleó

малпа

simi

фламінга

flamenc

папугай

papagai

белы мядзведзь

ós polar

пінгвін

pingüí

акула

ca mari

паўлін

paó

змяя

serp

кракадзіл

cocodril

наглядчык заапарка

guardià del zoo

цюлень

foca

ягуар

jaguar

поні

poni

леапард

lleopard

бегемот

hipopòtam

жыраф

girafa

арол

àliga

дзік

senglar

рыбак

peix

чарапаха

tortuga

морж

morsa

ліса

guineu

газель

gasela

американскі футбол
futbol amèrica

веласпорт
ciclisme

тэніс
tenis

баскетбол
bàsquet

плаванне
natació

бокс
boxa

хакей з шайбай
hoquei sobre gel

футбол
futbol amèrica

бадмінтон
bàdminton

лёгкая атлетыка
atletisme

гандбол
handbol

горныя лыжы
esquí

пола
polo

скакаць
saltar

смяяцца
riure

абдымаць
abraçar

ісці
anar

спяваць
cantar

марыць
somiar

маліцца
pregar

цалаваць
fer un petó

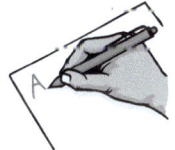

пісаць

escriure

маляваць

dibuixar

паказваць

mostrar

націснуць

pitjar

даваць

donar

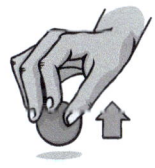

браць

prendre

маць
tenir

выконваць
fer

быць
ésser

стаяць
estar dret

бегчы
córrer

цягнуць
estirar

кідаць
llançar

падаць
caure

ляжаць
jeure

чакаць
esperar

насіць
portar

сядзець
asseure's

апранацца
vestir-se

спаць
dormir

прачынацца
despertar-se

глядзець

mirar

плакаць

plorar

лашчыць

amoixar

прычэсвацца

pentinar

гаварыць

parlar

разумець

comprendre

пытаць

demanar

чуць

escoltar

піць

beure

есці

menjar

прыбіраць

endreçar

кахаць

estimar

гатаваць

culinar

ехаць

conduir

лятаць

volar

плаваць пад ветразем

navegar

лічыць

calcular

чытаць

llegir

вучыць

aprendre

працаваць

treballar

уступаць у шлюб

casar-se

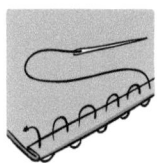

шыць

cosir

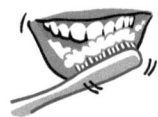

чысціць зубы

raspallar-se les dents

забіваць

matar

курыць

fumar

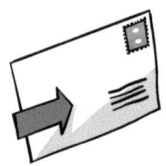

пасылаць

enviar

бабуля
àvia

дзядуля
avi

бацька
pare

маці
mare

дзіця
nadó

дачка
filla

сын
fill

госць

convidat

цётка

tia

дзядзька

oncle

брат

germà

сястра

germana

цела

cos

лоб
front
вока
ull
плячо
espatlla
палец
dit
твар
cara
падбародак
barbeta
рука
mà
грудзі
pit
нага
cama
рука
braç

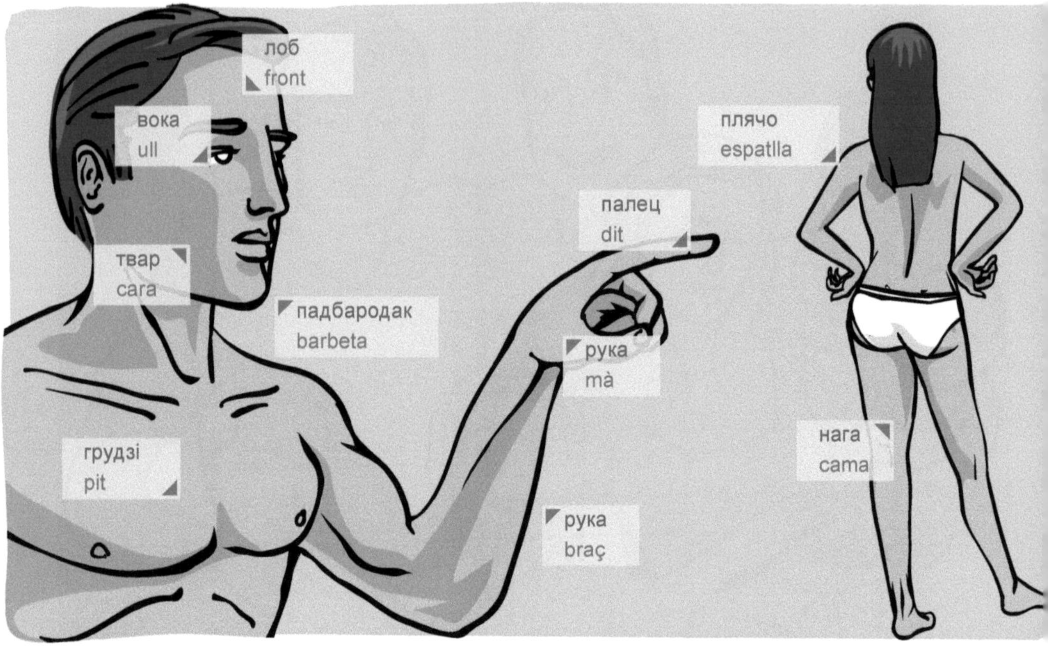

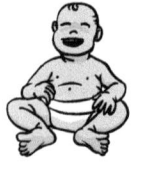

дзіця

nadó

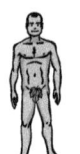

мужчына

home

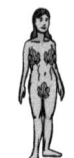

жанчына

dona

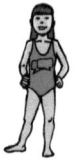

дзяўчынка

noia

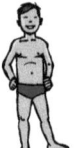

хлопчык

noi

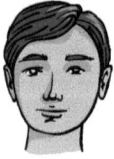

галава

cap

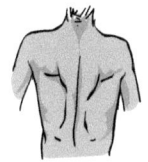

спіна

esquena

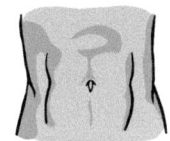

жывот

panxa

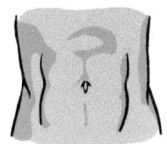

пуп

melic

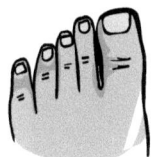

палец нагі

dit gros del peu

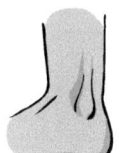

пятка

taló

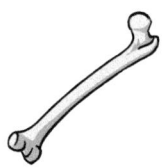

костка

os

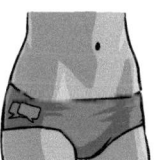

бядро

maluc

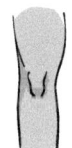

калена

genoll

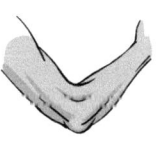

локаць

colze

нос

nas

ягадзіца

cul

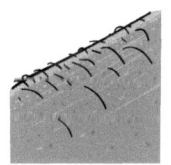

скура

pell

шчака

galta

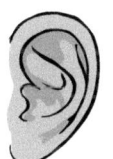

вуха

orella

губа

llavi

рот

boca

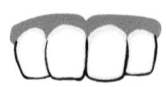

зуб

dent

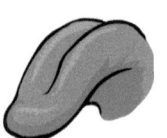

язык

llengua

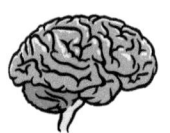

галаўны мозг

cervell

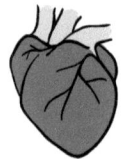

сэрца

cor

мышца

múscul

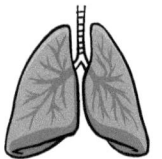

лёгкае

pulmó

пячонка

fetge

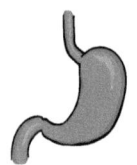

страўнік

estómac

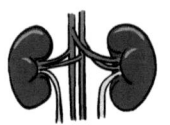

ныркі

ronyó

сэкс

relació sexual

прэзерватыў

preservatiu

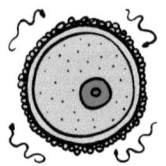

яйцаклетка

ovari

сперма

semen

цяжарнасць

prenyat

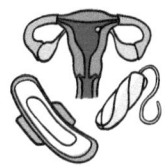

менструацыя

menstruació

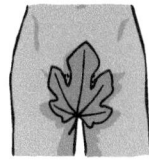

похва

vagina

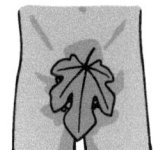

пеніс

penis

брыво

cella

валасы

cabells

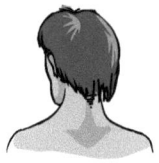

шыя

coll

шпіталь
hospital

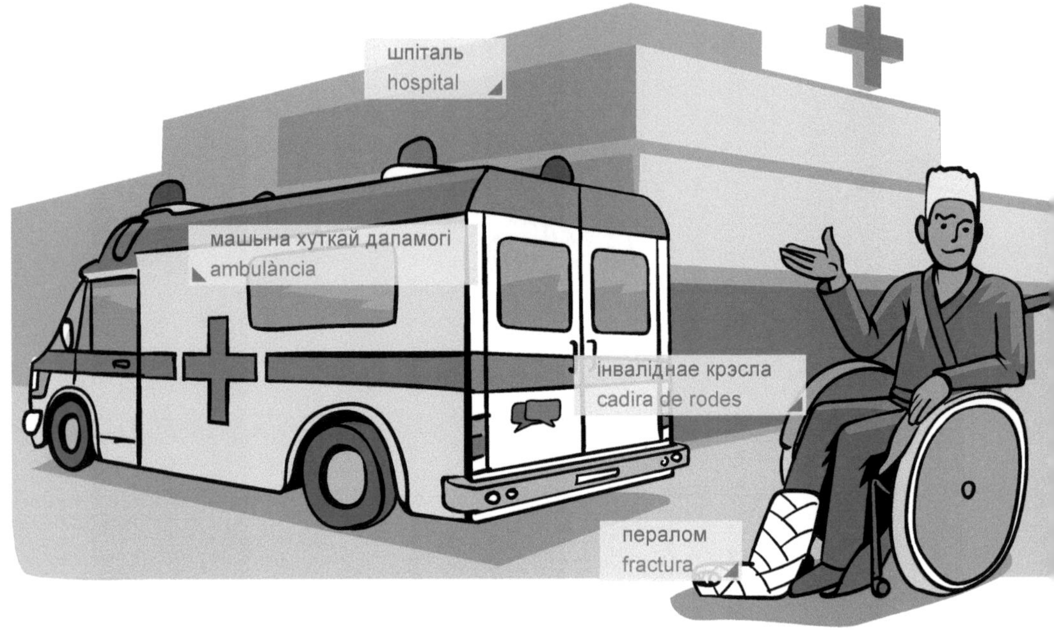

шпіталь
hospital
машына хуткай дапамогі
ambulància
інваліднае крэсла
cadira de rodes
пералом
fractura

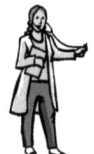

доктар

doctora

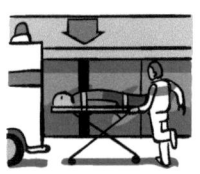

аддзяленне першай дапамогі

sala d'urgències

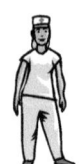

медсястра

infermera

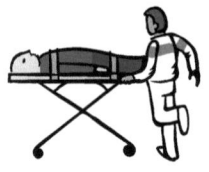

экстраная дапамога

urgència

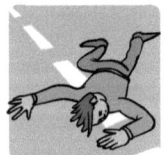

непрытомны

inconscient

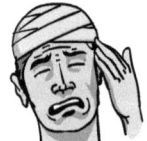

боль

dolor

траўма

ferida

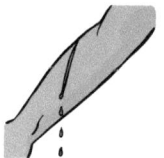

крывацёк

sagnament

інфаркт

atac de cor

апаплексія

apoplexia

алергія

al·lèrgia

кашаль

tos

гарачка

febre

грып

gripa

панос

diarrea

галаўны боль

mal de cap

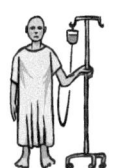

рак

càncer

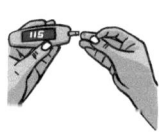

дыябет

diabetis

хірург

cirurgià

скальпель

escalpel

аперацыя

operació

КТ

tomografia computada (TC), TAC

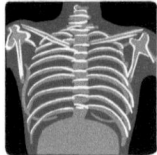

рэнтген

raigs x

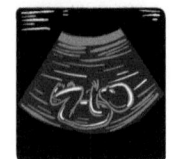

ультрагук

ultrasò

маска

mascareta

хвароба

malaltia

пачакальня

sala d'espera

мыліца

crossa

пластыр

tireta

бінт

embenat

ін'екцыя

injecció

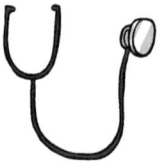

стэтаскоп

estetoscopi

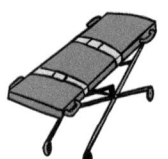

насілкі

llitera

градуснік

termòmetre clínic

нараджэнне

pariment

лішняя вага

sobrepès

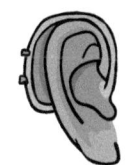

слухавы апарат

aparell auditiu

дэзінфекцыйны сродак

desinfectant

інфекцыя

infecció

вірус

virus

ВІЧ/СНІД

VIH / SIDA

лекі

medicina

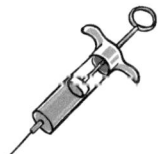

прышчэпка

vaccí

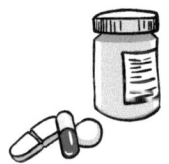

таблеткі

comprimits

супрацьзачаткавая таблетка

píl·lola

экстраны выклік

trucada d'urgència

танометр

tensiòmetre

хворы / здаровы

malalt / sà

Ратуйце!

Socors!

сігналізацыя

alarma

напад

assalt

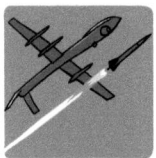

атака

atac

небяспека

perill

аварыйны выхад

sortida-eixida d'urgència

Пажар!

Foc!

вогнетушыцель

extintor

аварыя

accident

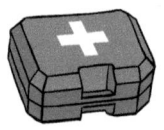

аптэчка

farmaciola de primers auxilis

СОС

SOS

паліцыя

policia

Еўропа

Europa

Паўночная Амерыка

Amèrica del Nord

Паўднёвая Амерыка

Amèrica del Sud

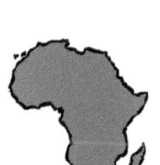

Афрыка

Àfrica

Азія

Asia

Аўстралія

Austràlia

Атлантычны акіян

Atlàntic

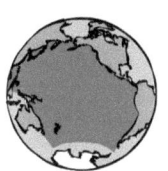

Ціхі акіян

Pacific

Індыйскі акіян

Oceà Índic

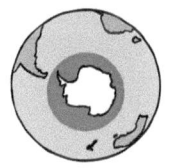

Паўднёвы ледавіты акіян

Oceà Antàrtic

Паўночны ледавіты акіян

Oceà Àrtic

Паўночны полюс

pol nord

Паўднёвы полюс

pol sud

Антарктыда

Antàrtida

Зямля

terra

краіна

país

мора

mar

востраў

illa

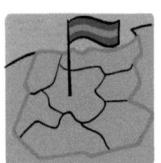

нацыя

nació

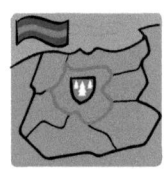

дзяржава

estat

цыферблат

quadrant

гадзінная стрэлка

agulla de les hores

хвілінная стрэлка

agulla dels minuts

секундная стрэлка

agulla dels segons

Колькі часу?

Quina hora és?

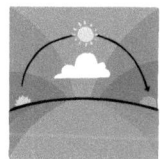

дзень

dia

час

temps

зараз

ara

электронны гадзіннік

rellotge digital

хвіліна

minut

гадзіна

hora

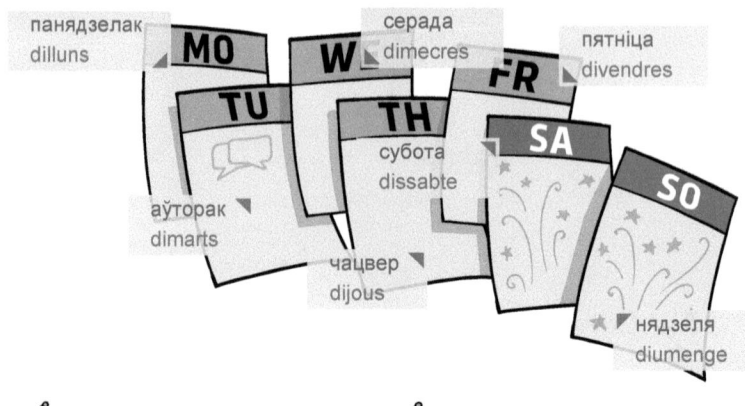

панядзелак
dilluns

серада
dimecres

пятніца
divendres

аўторак
dimarts

субота
dissabte

чацвер
dijous

нядзеля
diumenge

ўчора

ahir

сёння

avui

заўтра

demà

раніца

matí

абед

migdia

вечар

tarda

MO	TU	WE	TH	FR	SA	SU
1	2	3	4	5	6	7
8	9	10	11	12	13	14
15	16	17	18	19	20	21
22	23	24	25	26	27	28
29	30	31	1	2	3	4

працоўныя дні

dia feiner

MO	TU	WE	TH	FR	SA	SU
1	2	3	4	5	6	7
8	9	10	11	12	13	14
15	16	17	18	19	20	21
22	23	24	25	26	27	28
29	30	31	1	2	3	4

выхадныя

cap de setmana

год
any

дождж
pluja
вясёлка
arc de Sant Martí
снег
neu
вецер
vent
вясна
primavera
восень
tardor
лета
estiu
зіма
hivern

4.APRIL 11°
5.APRIL 4°
6.APRIL 13°
7.APRIL 8°
8.APRIL 10°

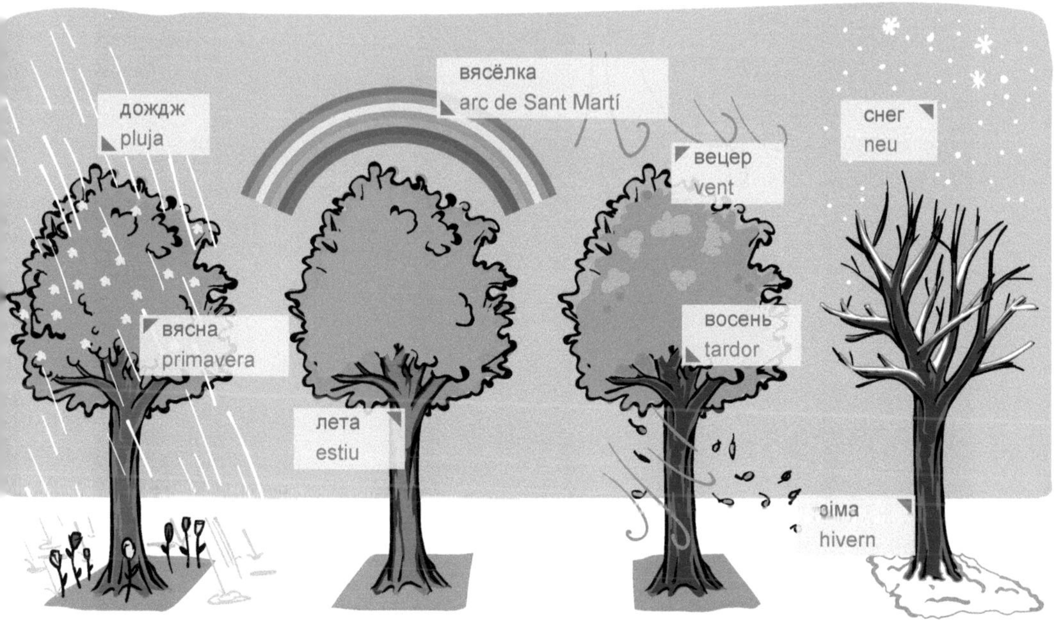

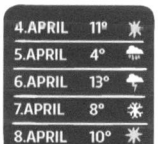

прагноз надвор'я

pronòstic del temps

F
C
120
90
60
30
0
-30
40
30
20
10
0
-10
-20

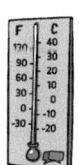

градуснік

termòmetre

сонечнае святло

llum del sol

воблака

núvol

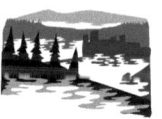

туман

boira

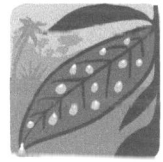

вільготнасць паветра

humiditat de l'aire

маланка

llamp

гром

tro

бура

tempesta

град

calamarsa

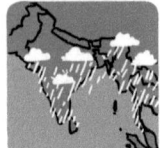

мусонны вецер

monsó

прыліў

inundació

лёд

gel

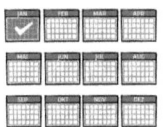

студзень

gener

люты

febrer

сакавік

març

красавік

abril

май

maig

чэрвень

juny

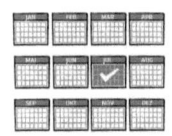

ліпень

juliol

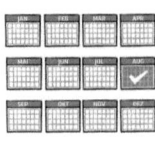

жнівень

agost

верасень

setembre

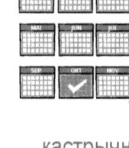

кастрычнік

octubre

лістапад

novembre

снежань

desembre

формы

formes

круг

cercle

квадрат

quadrat

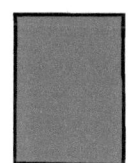

прамавугольнік

rectangle

трохвугольнік

triangle

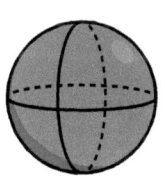

шар

esfera

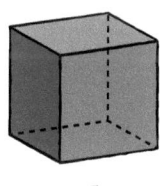

куб

cub

белы

blanc

жоўты

groc

аранжавы

taronja

ружовы

rosa

чырвоны

vermell

фіялетавы

lila

сіні

blau

зялёны

verd

карычневы

marró

шэры

gris

чорны

negre

шмат / мала

molt / poc

злы / добры

emprenyat / tranquil

прыгожы / брыдкі

bonic / lleig

пачатак / канец

començament / fi

высокі / малы

gran / petit

светлы / цёмны

clar / fosc

сястра / брат

germà / germana

чысты / брудны

net / brut

поўны / няпоўны

complet / incomplet

дзень / ноч

dia / nit

мёртвы / жывы

mort / viu

шырокі / вузкі

ample / estret

ядомы / неядомы

comestible / immenjable

злы / добры

dolent / amable

узбуджаны / нудны

entusiasmat / entediat

тоўсты / тонкі

gros / prim

першы / апошні

primer / darrer

сябар / вораг

amic / enemic

поўны / пусты

ple / buit

цвёрды / мяккі

dur / tou

важкі / лёгкі

pesant / lleuger

голад / смага

gana / set

хворы / здаровы

malalt / sà

нелегальны / легальны

il·legal / legal

разумны / дурны

intel·ligent / ximple

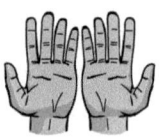

левы / правы

esquerra / dreta

побач / далёка

prop / llunyà

новы / былы ва ўжыванні

nou / usat

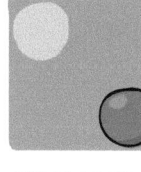

нічога / нешта

res / quelcom

стары / малады

vell / jove

укл / выкл

encès / apagat

адчынены / зачынены

obert / tancat

ціхі / гучны

silenciós / sorollós

багаты / бедны

ric / pobre

правільна / няправільна

correcte / incorrecte

шурпаты / гладкі

aspre / suau

сумны / шчаслівы

trist / content

кароткі / доўгі

curt / llarg

павольны / хуткі

lent / ràpid

вільготны / сухі

humit / sec eixut

цёплы / халаднаваты

calont / frod

вайна / мір

gucrra / pau

0

нуль

zero

1

адзін

u

2

два

dos

3

тры

tres

4

чатыры

quatre

5

пяць

cinc

6

шэсць

sis

7

сем

set

8

восем

vuit

9

дзевяць

nou

10

дзесяць

deu

11

адзінаццаць

onze

12

дванаццаць

dotze

13

трынаццаць

tretze

14

чатырнаццаць

catorze

15

пятнаццаць

quinze

16

шаснаццаць

setze

17

сямнаццаць

disset

18

васямнаццаць

divuit

19

дзевятнаццаць

dinou

20

дваццаць

vint

100

сто

cent

1.000

тысяча

mil

1.000.000

мільён

milió

англійская

anglès

англійская (Амерыка)

anglès americà

кітайская мандарынская

xinès mandarí

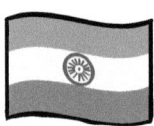

хіндзі

hindi

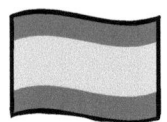

іспанская

espanyol

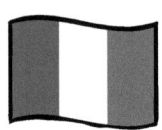

французская

francès

арабская

àrab

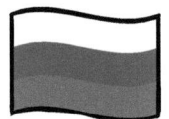

руская

rus

партугальская

portuguès

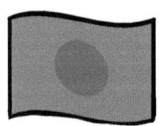

бенгальская

bengalí

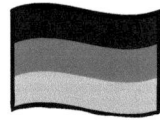

нямецкая

alemany

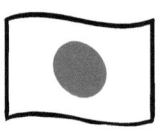

японская

japonès

я

jo

ты

tu

ён / яна / яно

ell / ella / allò

мы

nosaltres

вы

vosaltres

яны

ells

хто?

qui?

што?

què?

як?

com?

дзе?

on?

калі?

quan?

імя

nom

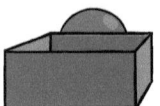

за

darrere

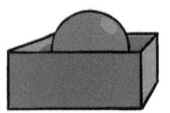

у

en

перад

davant de

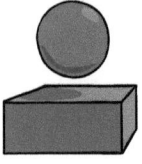

над

damunt

на

sobre

пад

sota

каля

al costat

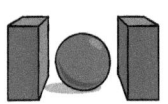

паміж

entre

месца

lloc